Auf ins Abenteuer!

Prof. Dr. Dietrich Grönemeyer

Der kleine Medicus

Achtung: Super-Säure!

mit Illustrationen von
Sabine Rothmund

TESSLOFF

1. Auflage 2021
© 2021 TESSLOFF VERLAG
Burgschmietstraße 2-4, 90419 Nürnberg
Alle Rechte vorbehalten
Idee/Text: Prof. Dr. Dietrich Grönemeyer
unter Mitarbeit von: Dr. Bernd Flessner
Illustrationen: Sabine Rothmund
Grafische Gestaltung, Layout: Marie Gerstner
Lektorat: Anja Starigk

www.tessloff.com

ISBN: 978-3-7886-4412-3

Inhalt

Was bisher geschah

Nano schwänzt die Schule und besucht Dr. X und Micro Minitec in ihrer geheimnisvollen Praxis, der Villa Nachtigall. Da passiert das Unglaubliche: Nano wird aus Versehen im Turbobeamer geschrumpft und findet sich kurz darauf in einer winzigen Kapsel wieder. Neben ihm sitzt Rappel, ein rosaroter Hase. Und dann wird die Kapsel auch noch von Micro Minitec geschluckt! Jetzt gibt es kein Zurück mehr. Das Miniboot stürzt im freien Fall durch die Speiseröhre – bis der Sturz sehr plötzlich endet ...

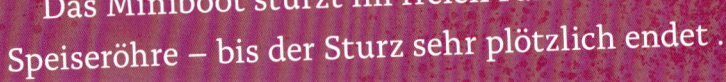

Nano spielt gerne Fußball und möchte später einmal Arzt werden. Seit er Dr. X und Micro Minitec kennengelernt hat, schlittert er von einem Abenteuer ins nächste.

Marie ist Nanos kleine Schwester. Sie kann sehr gut singen und hat ein fotografisches Gedächtnis. Manchmal nervt sie Nano ein bisschen. Manchmal aber auch nicht.

Dr. X ist Arzt – und Erfinder. Er kennt sich bestens mit Röntgenstrahlen und Holografien aus und hat den Kopf immer randvoll mit neuen Ideen.

Micro Minitec ist seine pfiffige Assistentin. Sie hat genauso geniale Ideen wie Dr. X. Ihre allergenialste Erfindung ist der Turbobeamer: eine Schrumpfmaschine!

Im Säuremeer

Nano sah sich um. Neben ihm saß ein Hase mit rosarotem Fell und kaute lässig vor sich hin. Er war etwa halb so groß wie er. Sie befanden sich in einer Kapsel, die als Mini-U-Boot ausgestattet war, um durch einen menschlichen Körper zu reisen. Dazu war die Kapsel von Micro Minitec auf die Größe einer kleinen Pille geschrumpft und verschluckt worden.

„Das glaubt mir kein Mensch", hauchte Nano. „Was meinst du, Rappel?"

Der rosarote Hase sagte kein Wort, sondern kaute weiter. Sonst rührte sich nichts. Aber Nano hatte eine Vorahnung, dass dies nicht so bleiben würde.

„Ihr hängt fest", erklärte Dr. X per Funk. „Am Magenmund direkt über dem Magen. Dieser Verschlussmechanismus zwischen Speiseröhre und Magen verhindert, dass der Magen überläuft."

„So wie ein Spion, der zum Feind überläuft?", fragte Nano. „Wie bei James Bond?"

„Nein", antwortete Dr. X schmunzelnd. „Eher wie bei einem vollen Glas, in das man noch mehr Wasser füllt.

Der Magenmund und die Speiseröhre verkrampfen zwar eigentlich nicht, das ist kaum bekannt. Aber weiter unten, am Eintritt zum Magen, ist auch Muskulatur – und das Zwerchfell. Sie können an Kraft verlieren und ausleiern. Wenn das passiert, gelangt Magensäure in die empfindliche Speiseröhre. Vor allem nach dem Essen. Man spürt dann ein sonderbares Brennen, das Sodbrennen genannt wird. Das ist auf Dauer gesundheitsschädlich."

„Was ist, Micro, hast du jetzt einen Pups, also, ich meine, einen Rülpsi im Hals?", fragte Nano. Er wollte witzig sein und so seine heimliche Angst überwinden.

„Ja, zum ersten Mal, und zwar, weil ich dich verschluckt habe, du Nervensäge", antwortete sie mit leicht spöttischem Ton.

„Ich? Eine Nervensäge?", maulte er. „Ich bin ganz bestimmt keine ..."

In diesem Augenblick fing die Kapsel an, sich immer heftiger zu bewegen.

„Aufgepasst!", rief Dr. X ins Mikrofon. „Die Fahrt geht weiter!"

„Wieso?", fragte Nano, der schon gehofft hatte, von Micro Minitec gleich wieder ausgespuckt zu werden. Stattdessen gab das Zwerchfell den Weg frei.

„Hilfe!", schrie Nano, denn unter der Kapsel tat sich ein bodenloser Abgrund auf. Rappel sah ihn mit großen Augen an. Nanos Herz pochte bis ans Kinn, sein Magen schien oben über dem Abgrund geblieben zu sein. War das sein Ende? Er wollte gerade seine Augen schließen, als sein Blick ein Icon auf dem Display erfasste. Es zeigte die Kapsel, jedoch mit zwei Flügeln. Nano zögerte keine Sekunde und berührte es blitzschnell. Plötzlich verlangsamte sich der Sturz. Aus dem freien Fall wurde eine Art Gleitflug. Neben dem Icon erschien auf dem Display eine Grafik der Kapsel, die rechts und links Flügel ausgefahren hatte.

„Ein fliegendes Mini-U-Boot!", rief Nano erleichtert. „Du bist wirklich eine tolle Erfinderin, Micro!"

„Du warst aber auch nicht schlecht", lobte ihn Micro
Minitec. „Und eine Fingerlänge schneller als ich."
„Ich wollte nicht so lange warten", entgegnete Nano,
noch immer mit pochenden Schläfen. Sein Magen aber
kehrte wieder an seinen angestammten Platz zurück.
„Wie kann ich die Kapsel steuern?", fragte er. „Was ist
mit dem Antrieb?"
„Den gibt es nicht", antwortete Micro Minitec.
„Die Kapsel ist ja eine Weiterentwicklung der
Kapselendoskopie. Der Patient schluckt eine kleine
Kapsel mit eingebauter Kamera, die den Magen
und Darm fotografiert. Ich habe nur ein Cockpit
hinzugefügt, aber keinen Antrieb. Wir lenken die
Kapsel von außen. Mit dem Joystick kannst du
lediglich den Bug heben und senken. Aber mehr nicht.
Den Rest siehst du auf dem Display. Die Icons sind
selbsterklärend, wie du ja schon bemerkt hast. Ein paar
Außenwerkzeuge sind noch dabei, zwei Greifarme und
eine Minischere etwa. Die wirst du aber bestimmt
nicht benötigen."
„Okay", nickte Nano und sah auf das Display.
Im Segelflug meisterte die Kapsel den Abgrund und
setzte sanft auf der Oberfläche auf. Die Flügel zogen
sich automatisch zurück.

„Wo sind wir?", fragte er und blickte auf eine Art
Meer. Die Kapsel bewegte sich auf Wellen. Langsam
gewöhnten sich seine Augen an das fahle Licht.
„Das ist kein Wasser", stellte er schließlich fest.
„Wasser macht nicht diesen komischen Schaum
und diese Schlieren. Und was ist das denn für ein
Ding? Ein Eisberg?", fragte Nano und duckte sich
unbewusst weg, als neben der Kapsel plötzlich ein
großer, schwimmender, löchriger Felsen auftauchte.
„Ah, natürlich! Das ist eines von den Brotstückchen,
die Micro verschluckt hat. Und diese fetten, roten
Brocken da, das sind Tomatenstückchen", erkannte
er nach einer Weile.

Dann nahm der Seegang zu. Aus kleinen Wellen wurden Wellenberge. Nano schaute durch den Glasboden der Kapsel. Auch unter ihm wurde alles durchgewirbelt. Eine große Welle schwappte über die Kapsel hinweg.

„Ein Seebeben! Ojeee, wir sind verloren!"

Nano drückte aufgeregt die Funktaste.

„Hallo? Hallo? Hört ihr mich? Dr. X? Hiiilfe! In Micros Bauch geht gerade die Welt unter! SOS! Helft uns! SOS! Nano und Rappel in Seenot!"

„Keine Angst", meldete sich die beruhigende Stimme von Dr. X aus dem Lautsprecher. „Ihr seid nicht in Gefahr. Ihr schwimmt nur in der Magensäure."

„Säure? Die scheint wirklich ganz schön sauer auf uns zu sein", befürchtete Nano. „Die schäumt ja vor Wut."

„Keine Sorge, eure Kapsel ist säurefest", erklärte Dr. X.

„Bist du sicher?", entgegnete Nano und betrachtete ängstlich den Bug der Kapsel. Das gerade noch glänzende Metall verfärbte sich und wurde zusehends stumpf und schwarz. Die Wellen der Magensäure sahen aus wie große Mäuler, die begonnen hatten, an der Kapsel zu beißen und zu nagen.

„Ach du Sch...!" Nano verschluckte die letzten Buchstaben und biss sich auf die Lippen. „Wir werden aufgelöst! Hilfe!!", rief er. „Micro will uns verdauen!"

„Das sieht wirklich ungewöhnlich aus", stellte Dr. X fest, als er die übertragenen Bilder von der Kapsel sah. „Eine derartige Veränderung haben wir noch nie beobachtet."

„Sag ich doch, wir werden aufgelöst!" Nanos Stimme versagte. Er rutschte immer tiefer in seinen Sitz.

„Werdet ihr nicht", widersprach Micro Minitec ruhig. „Diese Verfärbung hat nichts zu bedeuten. Die Säure ist nur ein bisschen aggressiver als bei unseren bisherigen Experimenten. Der Außenhülle kann sie trotzdem nichts anhaben."

„Ja, vermutlich hat Micro recht", stimmte Dr. X zu. „Die Magenschleimhaut produziert übrigens täglich bis zu drei Liter Magensaft. Diese Säure dient nicht nur zur Verdauung, sondern auch zum Abtöten von unerwünschten Eindringlingen wie Bakterien."

„Also doch!", meinte Nano und sah Rappel besorgt an. „Kannst du bitte deinem Magen sagen, dass er uns in Ruhe lassen soll, Micro?"

„Das geht leider nicht", schmunzelte Micro Minitec. „Auf die Arbeit des Magens habe ich keinen Einfluss. Das geht vollautomatisch. Wie das Atmen."

„Schade", meinte Nano.

„Aber keine Sorge, in der Kapsel seid ihr wirklich sicher", ergänzte Dr. X.

„Also gut, das mag ja sein. Aber jetzt stürzt auch
noch die ganze Meereshöhle ein", entgegnete Nano.
„Alle Wände bewegen sich! Ich fürchte, wir sind
Micro auf den Magen geschlagen."
„Nein, seid ihr nicht", widersprach Micro Minitec.
„Das ist ganz normal. Durch die Bewegungen des
gesamten Magens wird der Speisebrei durchgeknetet
und durchgemischt. Anschließend wird er zum
Magenausgang befördert und dann in kleinen
Portionen weitergegeben."
„Übergeben könnte ich mich auch", meinte Nano.
„Wann hört dieses Seebeben endlich auf? Mir ist
schon ganz schlecht."
„Gleich", antwortete Dr. X. „Aber vorher solltest du dir
noch etwas ansehen. Pass auf und sieh nach oben zum
Mageneingang."
Nano richtete den Blick nach oben. Der Mageneingang
über ihm war ein tiefschwarzes Loch, in dem er
zunächst gar nichts erkennen konnte. Doch plötzlich
tauchte etwas aus der Dunkelheit auf. Es war ein
riesiger Kopf. Zwei tote Augen schienen ihn direkt
anzustarren. Haare konnte er nicht erkennen, dafür
aber Schuppen. Was war das nur für ein Ungeheuer?
Nano gruselte es gewaltig!

Ein Fischkopf raste auf ihn zu und plumpste neben der Kapsel ins Säuremeer.

„Das ist eine kleine Sardine, die ich unzerkaut geschluckt habe", erklärte Micro Minitec lachend. „Extra für dich. Damit du verfolgen kannst, was so alles in meinem Bauch passiert."

„Eine kleine Sardine?", raunte Nano wütend. „Wohl eher ein Blauwal."

„Aufgepasst!", sagte Dr. X. „Jetzt kannst du sehen, was mit der Sardine passiert."

Der Fisch schwappte bedrohlich gurgelnd im Säuremeer auf und ab. Nach einer Weile begannen sich wie von Zauberhand die Schuppen zu lösen und verschwanden eine nach der anderen blubbernd in der Säure. Dann war die Haut dran, die sich in Fetzen vom Körper schälte. Schließlich fiel das Fleisch von der Gräte ab, die kurz darauf mit einem lauten, kratzenden Geräusch wie ein riesiger Kamm gefährlich an der kleinen Kapsel entlangschrammte.

„Igitt!", maulte Nano. „Das ist ja wirklich total ekelhaft! Die Säure hat das Tier in Matsch verwandelt!"

„Natürlich", sagte Dr. X.

„Schließlich muss der Körper ja an die Nährstoffe kommen, die in der Nahrung enthalten sind. Dazu muss der Fisch zunächst in Einzelteile zerlegt werden. Das ergibt einen richtig schönen Matsch. Im Darm werden diesem Matsch dann die Eiweißbausteine entzogen, die Aminosäuren. Aus ihnen entstehen dann neue Eiweißbausteine, die für den menschlichen Körper geeignet sind. Fettbausteine liefern die Energie für den Körper. Alle wichtigen Stoffe werden aus der Nahrung entnommen."

„Aus der Sardine wird Micro Minitec?", fragte Nano.

„Könnte man so sagen", stimmte Dr. X zu.

„Das sieht man ihr gar nicht an", meinte Nano augenzwinkernd. „Sie hat nicht mal Schuppen. Und sie riecht ganz anders."

„Das will ich doch schwer hoffen!", meldete sich Micro Minitec zu Wort. „Und denk dran, auch du bestehst aus der Nahrung, die du gegessen hast."

„Das war mir schon vorher klar", sagte Nano. „Ich habe es nur noch nie aus der Nähe gesehen. Der Mensch ist, was er isst. Sagt meine Oma."

Plötzlich prasselte ein Schauer dicker Tropfen auf
die Kapsel nieder.

„Was ist das denn schon wieder?", wunderte sich Nano.

„Das sind die Belegzellen", erklärte Dr. X. „Sie befinden
sich in den Falten und Grübchen der Schleimhaut. Der
Schauer wird von ihnen erzeugt. Es ist frische Säure."

„Lass mich raten – der Magen meint, wir könnten
auch zu Micro werden und Eiweißbausteine liefern?",
empörte sich Nano.

„So ungefähr", lächelte Dr. X. „Aber das wird ihm
nicht gelingen. Übrigens produziert der Magen auch
zähflüssigen Schleim."

„Wie eine Schnecke?", fragte Nano. „Warum das denn?"

„Er schützt damit die Magenwände", erklärte Dr. X.
„Damit die aggressive Magensäure den Magen nicht
schädigt. Sonst gibt es ein Magengeschwür."

„Und wie sieht das aus?", fragte Nano.

„Eine blassgelbe Stelle in der Schleimhaut", sagte Dr. X.

„Hier gibt es keine blassgelbe Stelle", stellte Nano fest.

„Na, zum Glück", freute sich Micro Minitec. „Aber jetzt
geht´s weiter."

Der Magenausgang macht Druck

„Noch weiter?", fragte Nano. „Und wie wollt ihr
das machen? Die Kapsel hat doch keinen Motor."
„Wir wissen immer ganz genau, wo du bist", antwortete
Micro Minitec. „Wir sehen dich auf einem Hologramm.
Es schwebt hier vor mir in der Luft. Und mit meinem
Datenhandschuh kann ich die Kapsel in dieser
holografischen Projektion bewegen. Denn um mich
herum befinden sich Elektromagnete, die starke
Magnetfelder erzeugen. Damit lässt sich die Kapsel in
mir beschleunigen, abbremsen und lenken. Alles klar?"

„So ungefähr", antwortete Nano. „Hauptsache,
es funktioniert. Und es gibt keinen Notfall."

„Na, dann haltet euch fest, es geht abwärts!", sagte
Micro Minitec.

„Schon wieder abwärts", murrte Nano.

Der Bug der Kapsel neigte sich nach vorne.
Rappel blickte Nano mit großen Hasenaugen an,
als wüsste er genau, was gleich passieren würde.
Die Kapsel kippte vornüber und stürzte nach unten.
Unendlich scheinende Falten und Spalten des
Magengebirges rasten am Fenster vorbei. Doch dann
war die Achterbahnfahrt auch schon wieder vorbei.
Sie steckten in dem Faltengebirge fest. Die Wände
sahen aus wie riesige Quallen und rückten der Kapsel
auf die metallische Haut, die plötzlich merkwürdige
Geräusche von sich gab. Auf dem Display leuchtete
ein Warnhinweis knallrot auf: Vorsicht, Druck!

„Was soll das denn schon wieder?", rief Nano ins
Mikrofon. „Wir werden gleich zerquetscht! Seht euch
das an, dieses Quallenzeug macht uns platt wie Mamas
altes Auto in der Schrottpresse! Aber wir wollen doch
nicht als Plattfische enden! Stoppt das bitte! Sofort!!"

„Keine Panik auf der Titanic", versuchte Micro Minitec,
ihn zu beruhigen. „Ihr habt es gleich geschafft."

„Genauso fühlen wir uns auch. Wie auf der Titanic. Die hat es auch erwischt", beschwerte sich Nano.

In diesem Augenblick legte sich eine Magenfalte mit einem schmatzenden Geräusch direkt auf das große Cockpitfenster.

„Boah, was für ein fettes Glibbermonster – wie vom Mars!", schüttelte sich Nano heftig. „Und ich dachte, das gibt es nur im Film!"

Jetzt spielten auch die Anzeigen auf dem großen Display verrückt und fingen an zu tanzen, während das Licht in der Kapsel zu flackern begann. Vor dem Cockpitfenster stülpte sich die Monsterfalte über die Kapsel.

„Echt, bloß kein Stress! Panik hilft nie weiter", wiederholte Micro Minitec. „Das ist nur der Pylorus."

„Na, dann weiß ich jetzt wenigstens, wie das Glibbermonster heißt", sagte Nano mit leiser Stimme, sprach dann aber mit gestärkter Stimme weiter: „Wir haben keine Panik, wir haben den heldenhaften Überblick, nicht wahr, Rappel?"

Der Hase schien ihm mit einem Auge zuzublinzeln. Ihn brachte so schnell nichts aus der Ruhe.

„Aber Pylorus", überlegte Nano, „das klingt doch nach der griechischen Sagenwelt. Hat nicht Odysseus gegen den Pylorus gekämpft? Oder war es Herkules?"

„Der Pylorus ist der Magenausgang und kein Ungeheuer", erklärte Dr. X. „Die Zunahme des Drucks ist auch normal. Die Kapsel hält das schon aus. Zugegeben, es sieht etwas bedrohlich aus."

„Ach was!", beschwerte sich Nano.

„Der Magenausgang wacht über die Entleerung in den Darm", fuhr Dr. X fort. „Er besteht aus einem unheimlich starken Muskel – hmmm, wie sagtest du gerade?" Er kratzte sich am Kopf. „Superman oder so? Ach genau, Herkules. Stark ist er also auf jeden Fall auch, dieser Muskel. Und manchmal kann er auch krampfen. Dann öffnet er sich kaum oder nur unvollständig. Der ganze Brei staut sich dann. Das kann ganz schön wehtun. Die Ursachen können auch seelischer Natur sein. Wenn ein Mensch Sorgen hat oder die Belastungen im Beruf oder im Alltag sehr groß werden. Dann kann es sogar sein, dass sich der Betroffene manchmal übergeben muss. So stark ist der seelische Stress dann."

„Keine schlechte Idee", meinte Nano. „Dann wäre ich ja doch schneller als gedacht wieder draußen. Mach mal zu, Micro!"

„Gefällt es dir etwa nicht bei mir?", beschwerte sich Micro Minitec.

„Ich wollte doch nur ...", begann Nano, konnte den Satz aber nicht mehr vollenden, denn die Kapsel wurde erneut zum Flugboot. Nach einem kurzen Gleitflug erreichten Nano und Rappel ein luftiges und weiträumiges Höhlensystem. Von mehreren Seiten strömte irgendwelches Wasser hinein und vermischte sich mit dem Nahrungsbrei.

„Siehst du die gelbe Flüssigkeit?", fragte Dr. X.

„Klar, das ist Zitronensaft", antwortete Nano.

„Bestimmt will Micro mich ärgern. Ich mag nämlich keine Zitronen."

„Nein, auf keinen Fall will sie dich ärgern", entgegnete Dr. X. „Das ist auch kein Zitronensaft, sondern Galle."

„Da kommt mir ja gleich die Galle hoch!", schüttelte sich Nano.

„Dir kommt die Galle hoch?", fragte Dr. X überrascht.

„Nein, mir doch nicht", maulte Nano. „Sondern meiner Oma. Jedenfalls sagt sie das immer, wenn sie sich geärgert hat."

„Das ist nur eine Redensart", grinste Micro Minitec. „Wut oder andere Aufregungen können zwar Bauchschmerzen auslösen, aber das Aufsteigen von Gallenflüssigkeit? Nein, dazu muss man schon eine Erkrankung der Leber oder der Galle haben."

„Das sage ich meiner Oma", grinste Nano ebenfalls.
„Und dann erkläre ich ihr, wozu die Gallenflüssigkeit
wirklich dient. Wozu eigentlich?"

„Ich sage ja, der junge Mann will Arzt werden", freute
sich Dr. X. „Also, die Galle ist eine Spezialflüssigkeit,
die von der Leber hergestellt wird. Sie entsorgt die
Abbauprodukte der Leber."

„Eine Art Müllabfuhr", meinte Nano.

„Sozusagen", nickte Dr. X. „Sie dient aber auch der
Fettverdauung. Und in der Gallenblase sammelt sich
immer ein kleiner Vorrat, der schnell eingesetzt
werden kann."

„Ein Reservetank?", meinte Nano.

„Nicht schlecht", lachte Micro Minitec, während
Nano und Rappel an der Wand des Zwölffingerdarms
vorbeiglitten.

„Was ist das?", fragte Nano plötzlich und zeigte mit
dem Finger auf eine leicht gerötete Stelle.

„Nichts Gutes", erklärte Dr. X. „Aber die betroffene
Stelle ist so gut wie verheilt. Hier hätte sich auch
ein Zwölffingerdarmgeschwür bilden können."

„Zwölffingerdarm?", wunderte sich Nano. „Ein Darm
mit zwölf Fingern? Was machen die denn? Ich sehe
gar keinen von ihnen. Sehr merkwürdig."

Dr. X lachte. „Der Zwölffingerdarm ist ungefähr 30 Zentimeter lang. Irgendwann vor langer Zeit hat ein Mensch ihn mit der alten Maßeinheit der Fingerbreite vermessen und ist auf zwölf Fingerbreiten gekommen. Wir Mediziner nennen ihn daher Duodenum – das heißt 2 und 10 im Lateinischen."

„Wie auch immer", sagte Nano. „Und was ist jetzt mit der roten Stelle bei Micro?"

„Die habe ich dem ständigen Ärger mit meinem alten Chef zu verdanken", erzählte sie. „Einem gewissen Professor Götz von Schlotter, einem völlig gewissenlosen Typ."

„Ein gewisser Gewissenloser", lachte Nano.

„Aber so was von gewissenlos", sagte Micro Minitec mit ernstem Tonfall. „Der hat doch glatt versucht, mir meine Forschungsergebnisse zu stehlen, die ich für meine Doktorarbeit mühsam erarbeitet und zusammengetragen habe. Und dann sollte ich auch noch grausame Tierversuche mit Rappel durchführen. Da muss man ja Bauchschmerzen bekommen!"

„Ja, und genau dieser Ärger kann zu Geschwüren im Magen oder im Zwölffingerdarm führen", erklärte Dr. X. „Aber zum Glück bist du jetzt bei mir und kannst in Ruhe forschen. Vergiss dieses Ekelpaket von Schlotter."

„Und Rappel ist bei mir", sagte Nano und sah
den rosaroten Hasen an, der neben ihm saß.
Als er seinen Blick wieder nach vorne richtete,
entdeckte er einen Wasserfall an der Höhlenwand.
„Was ist das?", fragte er.
Dr. X und Micro Minitec sahen auf das große
Display, das mit Bildern von der Bordkamera
der Kapsel versorgt wurde.
„Das ist der Ausführungsgang der
Bauchspeicheldrüse", stellte Dr. X fest.
„Und was macht dieser komische Wasserfall?",
wollte Nano wissen.
„Die Bauchspeicheldrüse gibt jeden Tag bis
zu zwei Liter Flüssigkeit ab", erklärte Dr. X.
„Sie neutralisiert die Magensäure, die so dann
nicht mehr gefährlich für den Darm wird."
„Verstehe", sagte Nano. „Damit
keine Entzündungen
oder Geschwüre
durch die Säure
entstehen.
Wow!"

Rappel bekommt einen Rappel

„Aber das ist nicht alles, denn die Bauchspeicheldrüse produziert auch Insulin und gibt es direkt ins Blut ab", fuhr Dr. X fort. „Insulin ist ein Hormon, also ein Botenstoff, der den Zucker mithilfe des Blutkreislaufs zu den Zellen transportiert."

„Der Zucker wird aus Kohlenhydraten gewonnen", mischte sich Micro Minitec ein. „Aus Getreide zum Beispiel, aus Brot oder aus Haferflocken. Oder du isst Früchte, Süßkram und Honig. Zucker gibt Power. Das ist Energie pur, Treibstoff für die Muskeln und das Gehirn. Doch wehe, es ist kein Insulin da, wie bei Diabetikern, also zuckerkranken Menschen. Dann gibt es keine Energie und die Zellen trocknen aus und sterben."

„Ich weiß", sagte Nano. „Der Paule."

„Welcher Paule?", fragte Dr. X.

„Na, der Paule aus meiner Klasse", antwortete Nano. „Der muss sich jeden Morgen Insulin in den Oberschenkel spritzen."

„Das muss er dann, weil seine Bauchspeicheldrüse es nicht mehr herstellen kann", erklärte Dr. X.

„Aber", fuhr Micro Minitec fort, „ich habe einen Sensor gebaut, der in der Blutbahn befestigt wird und ständig den Zuckergehalt im Blut misst. Ist zu wenig Zucker da, regt er eine nachfüllbare Mini-Insulinpumpe mit Tank an, die ebenso im Körper implantiert ist und dann die notwendige Insulinmenge abgibt."

„Boah, dann müsste Paule ja gar nicht mehr jeden Tag gespritzt werden. Das wäre ja super. Ich finde Spritzen nämlich nicht so toll", freute sich Nano.

„Genau", sagte Micro Minitec nicht ohne Stolz.

„Ich mag Spritzen auch nicht so sehr. Deshalb habe ich ja so intensiv an der Sache geforscht. Der Minitank liegt direkt unter der Haut und kann schmerzlos gefüllt werden."

„Und Insulin können wir im Labor produzieren", fuhr Dr. X fort. „Seit rund hundert Jahren. Das sind die Vorteile der modernen Medizin. Sie ermöglicht es, dem Körper das lebensnotwendige Hormon von außen zu verabreichen."

„Verstehe", sagte Nano. „Die Medizin kann heute viel, was früher unvorstellbar war. Das künstlich hergestellte Insulin ist eine tolle Erfindung. Bestimmt wurde es auf einer Insel erfunden oder von einem Insulaner. Sonst hieße es ja nicht Insulin. Richtig?"

„Fast richtig", lachte Micro Minitec. „Ein Mediziner namens Paul Langerhans hat in der Bauchspeicheldrüse bereits 1869 sonderbare Zellen entdeckt, die wie Inseln im übrigen Gewebe liegen. In diesen Zellinseln wird das Insulin produziert. Die Inseln wurden später Langerhans-Inseln getauft und das Hormon nannte man Insulin."

„Sag ich doch", nickte Nano und bemerkte erst jetzt, wie die Wände des Dünndarms vorbeirasten. „Wir sind ganz schön schnell, was meinst du, Rappel?"

Der Hase mümmelte, kaute aufgeregt und sah ihn mit großen Augen an. Diesmal, wie Nano feststellte, mit beängstigend großen Augen.

„Da stimmt was nicht. Was ist mit dir, Rappel?", fragte Nano besorgt.

„Ich fürchte, er kriegt gleich seinen Rappel", vermutete Micro Minitec. „Gleich wirst du verstehen, warum ich ihn so getauft habe."

Rappel begann plötzlich, am ganzen Körper zu zittern. Er zog seine dicken Hasenlippen zurück und zeigte seine großen, weißen Nagezähne. Mit seinen weit geöffneten Augen starrte er Nano an.

„Zum Glück ist er angeschnallt", sagte Micro Minitec.

„Du meinst, er würde mich sonst beißen?", fragte Nano.

„Das würde er", antwortete die Forscherin. „Mich hat er schon ein paar Mal gebissen."

Plötzlich gab Rappel Geräusche von sich, die Nano noch nie von einem Hasen gehört hatte. Es waren Geräusche, die er nicht beschreiben konnte und die bedrohlich klangen. Noch dazu war Rappel dank des Turbobeamers etwa halb so groß wie er. Der Schrumpfungsvorgang hatte sich unterschiedlich auf sie ausgewirkt.

Neben ihm saß kein kleines Häschen, sondern ein ausgewachsener Riesenhase, der fauchte, die Zähne fletschte und mit den Pfoten nach ihm schlug.

„Das haben wir auch wieder diesem Götz von Schlotter zu verdanken", erklärte Micro Minitec.

„Dem gewissen Gewissenlosen", meinte Nano.

„Genau dem. Er hat meinen armen Rappel mit seinen völlig überflüssigen Tierversuchen in Angst und Schrecken versetzt", erzählte die Forscherin.

„Gequält hat er ihn in seinem Labor. Und ich glaube, dass sich Rappel ab und zu wieder daran erinnert und dann seinen Rappel bekommt. Einen Laborkoller, könnte man auch sagen."

„Er denkt wohl, ich sei dieser Schlotter", vermutete Nano, der sich so weit wie möglich zur Seite lehnte, um den wild gewordenen Pfoten zu entgehen.

„Kann sein", stimmte die Forscherin zu. „Rappel scheint in diesen Momenten überall nur noch den fiesen Professor zu sehen."

Wieder holte der rosarote Hase aus und kam Nano gefährlich nahe. Tiefer konnte er sich nicht in den Sitz verkriechen.

„Was soll ich tun?", fragte Nano.

„Beruhige ihn", antwortete Micro Minitec.

„Wie denn? Ich habe noch nie einen Hasen beruhigt", erwiderte Nano. „Meinen Opa, den habe ich schon oft beruhigt. Da kenne ich mich aus. Da kommt man schon weit, wenn man ihm ein kühles Bier aus dem Kühlschrank bringt. Aber hier ist ja gar kein Kühlschrank an Bord."

„Bier würde Rappel sowieso nicht trinken", entgegnete die Forscherin. „Du musst mit ihm sprechen und ihn streicheln."

Nano sah den Hasen an, der noch immer mit den Zähnen fletschte und nach ihm schlug. So hatte er seinen Opa noch nicht erlebt, obwohl der sich auch sehr aufregen konnte.

„Ruhig, Rappel", begann er mit sanfter Stimme. „Ganz ruhig. Alles ist in Ordnung. Schlotter ist weit weg. Du brauchst nicht vor ihm zu schlottern."

„Fantastisch!", lobte
ihn Micro Minitec.
„Sieh ihm dabei in die
Augen. Dann wirkt es
am besten."
„Sieh mir in die Augen,
Kleiner", fuhr Nano fort.
„Wir fahren nur schnell
mal durch Micros Bauch.

Das ist auch schon alles.
Nichts Ungewöhnliches also. Das hast du doch
schon ein paar Mal erlebt, stimmt`s?"
Vorsichtig streckte er seine Hand aus und versuchte,
den Hasen zu streicheln. Beim ersten Versuch wehrte
Rappel die Hand noch mit der Pfote ab. Doch schon der
zweite Versuch hatte Erfolg. Rappel ließ sich streicheln.
Seine Augen wurden kleiner, seine großen Nagezähne
verschwanden wieder hinter seinen Lippen.
„Alles in Ordnung", sagte Nano mit ruhiger, warmer
Stimme. „Wir sind bestimmt bald wieder zurück.
Aber noch sind wir hier in unserer Micro unterwegs."
Fast hätte er aus Versehen Mikrowelle gesagt.
Wahrscheinlich, weil Rappel gerade so eine
Riesenwelle veranstaltete.

„Gut gemacht", freute sich die Forscherin.

In diesem Augenblick musste die Kapsel ein paar engen Kurven folgen und überschlug sich sogar einmal.

„Das ist ja schon wieder wie in der Achterbahn", meinte Nano. „Wenn das so weitergeht, muss ich mich übergeben. Uiuiui. Dann brauche ich dringend einen von Oma Rosis Kräutertees. Kümmeltee vielleicht. Der hilft super bei Bauchkrämpfen. Oder Schafgarbentee. Gut ist auch Melisse."

„Da kennt sich ja jemand bestens aus", freute sich Dr. X. „Deine Oma hat recht. Man braucht nicht immer gleich Medikamente. In vielen Fällen helfen tatsächlich Kräutertees und andere Naturheilverfahren wie Akupunktur oder Reflexzonenmassage."

„Das nützt mir hier drin nur leider alles nichts", beschwerte sich Nano, der in der Kapsel hin und her geschleudert wurde. „Mir ist schlechter als schlecht und ich habe weder Kräutertee noch Medikamente. Anhalten!"

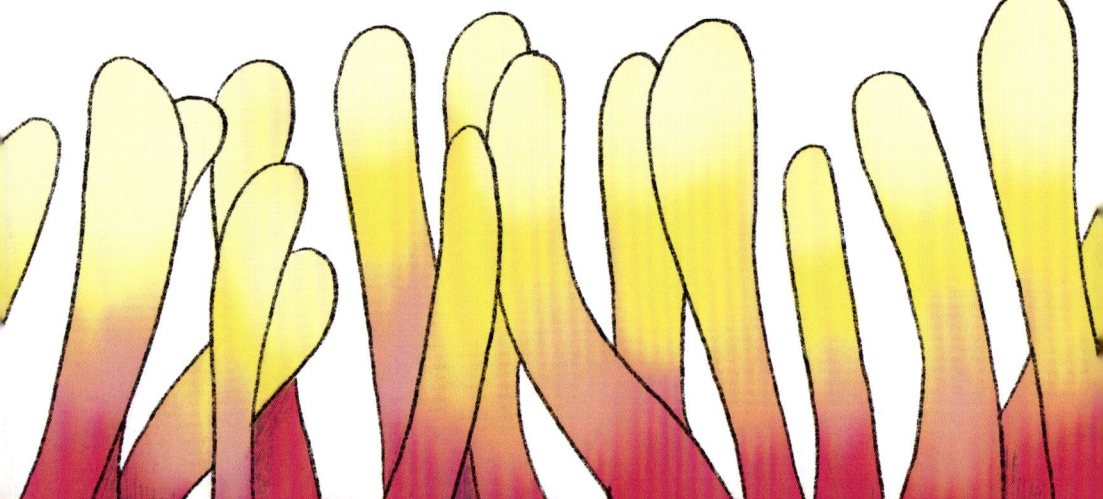

Nanos erste Operation

„Okay, keine Panik", beruhigte ihn Micro Minitec.
„Ich ziehe die Notbremse."
Sie griff mit ihrem verkabelten Handschuh in die
Holografie und verfolgte die Kapsel, die durch den
Dünndarm sauste. Beim Menschen ist er zwischen
drei und fünf Metern lang. Deshalb war Nano auch
so schnell unterwegs. Schließlich sollte er nicht
viele Stunden in ihrem Bauch unterwegs sein. Sie
hielt die Kapsel vorsichtig fest und verlangsamte
die Geschwindigkeit. Obwohl sie mit ihrem
Spezialhandschuh nur ein dreidimensionales Bild
zwischen die Finger nahm, spürte Nano ihre Aktion.
Die Kapsel wurde langsamer und stoppte schließlich.
„Danke", sagte Nano.

„Lass uns mal sehen, wo du jetzt genau bist", fuhr
Micro fort und vergrößerte die Holografie durch eine
Handbewegung. Das Display zeigte zusätzlich das Bild,
das die Bordkamera der Kapsel lieferte.

„Zwischen sehr vielen, sehr großen Zapfen", meinte
Nano. „Die sehen ein bisschen aus wie ausgestreckte
Finger. Sehr viele Finger."

„Eine gute Stelle!", freute sich Dr. X. „Diese Zapfen,
das sind die Darmzotten. Ihre Oberfläche ist
unglaublich groß. Würde man sie glatt streichen,
hätte man eine Gesamtfläche des Dünndarms von
rund 400 bis 500 Quadratmetern. Das entspricht
fast der Größe eines Tennisplatzes."

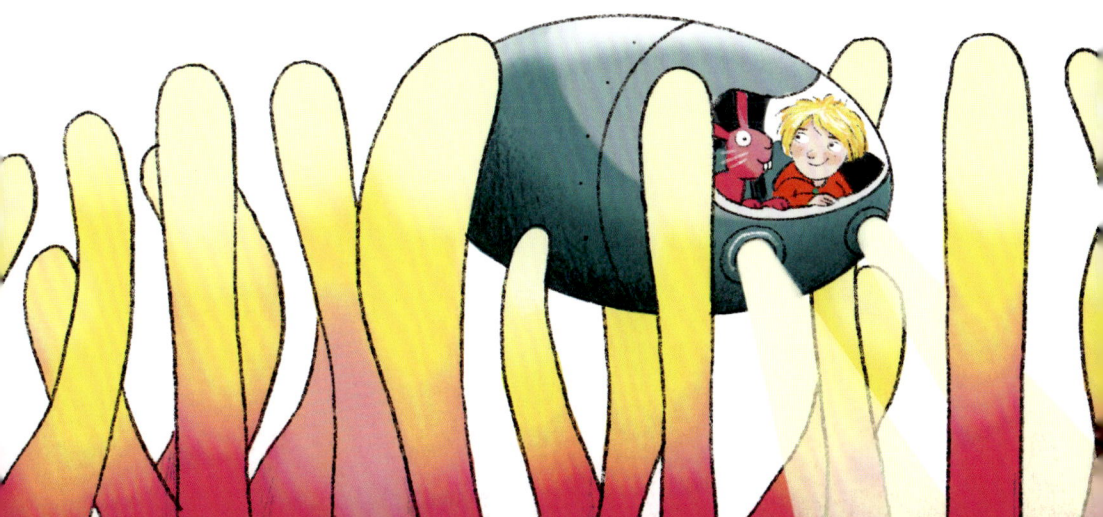

„Ein Tennisplatz? Und der passt tatsächlich in den Dünndarm?", murmelte Nano. „Schade, dass es nicht gleich ein Fußballplatz ist. Da würden meine Mitspieler im FC Heimaterde schön staunen, wenn ich ihnen das erzählen würde."

„Nein, nein, ganz so viel ist es dann doch nicht", antwortete Dr. X und lachte. „Die Fläche braucht der Dünndarm, um an die Nährstoffe zu kommen und 80 Prozent des Wassers aus der Nahrung zurückzugewinnen."

„So was wie eine Recyclinganlage, Dr. X?" Nano wurde hellwach.

„Ja, genau", antwortete der Arzt. „Die Darmzotten sind prall gefüllt mit Blut- und Lymphgefäßen und haben diese Fingerform, weil die meisten Nährstoffe an einer glatten Oberfläche einfach vorbeischwimmen würden. Zwischen den Fingern jedoch setzen sich die mikroskopisch kleinen Nährstoffe ab und können so über die dünnen Wände, die zum Teil nur mit einer Zellschicht bedeckt sind, direkt ins Blut übergehen. Warte, ich zeige es dir in der Vergrößerung."

Mit großen Augen starrte Nano erwartungsvoll auf die große Frontscheibe, die sich in einen Monitor verwandelte. Es dauerte eine Weile, bevor die Schärfe ausreichte, um etwas zu erkennen. Und Nano erkannte auch etwas, wusste aber nicht, was es war. Sonderbare Gebilde in verschiedenen Farben tanzten vor seinen Augen in einer unbekannten Welt voller rätselhafter Formen.

„Wo bin ich?", fragte Nano.

„Immer noch im Dünndarm", antwortete Dr. X. „Was du da siehst, sind die kleinsten Bausteine von Fetten, Zucker und Eiweißen. Sie wurden aus dem Fisch, den Tomaten und dem Brot herausgelöst und werden jetzt, wie du vielleicht inzwischen weißt, gebraucht. Aus ihnen werden neue Stoffe, um zum Beispiel Muskeln aufzubauen. Nichts geht verloren in der Natur, es findet nur ein unendlicher Wandel statt."

„Das hatten wir schon – aus dem Fisch und der Tomate werden Muskeln von Micro", stellte Nano fest. „Sieht man ihr wirklich nicht an."

„He! Das verbitte ich mir!", wehrte sich Micro Minitec. Plötzlich stellten sich Rappels Ohren auf und die Kapsel begann zu schaukeln.

„Ich hab´s nicht so gemeint!", rief Nano ins Mikrofon. Doch jetzt wurde die Kapsel erst recht durchgeschüttelt. Nano musste sich festhalten und zog den Gurt enger. Überall rumorte es, die Kapsel ächzte und stöhnte.

„Was ist denn jetzt wieder los?", rief er. „Schon wieder eine Achterbahnfahrt?"

„Nein, ich muss nur aufpassen, dass du nicht falsch abbiegst", antwortete Micro Minitec, die Mühe hatte, die Kapsel mithilfe ihrer Handschuhe zu steuern.

„Im Darm kann man falsch abbiegen?", wunderte sich Nano. „Ich dachte, da gibt es nur einen Weg und der führt irgendwann zum ..."

„Das schon", fiel ihm die Erfinderin ins Wort. „Aber dennoch gibt es eine gefährliche Abzweigung, die in den Blinddarm führt."

„Na und? Du kannst mich ja jederzeit mit deinen digitalen Handschuhen herausmanövrieren", meinte Nano.

„Eben nicht", widersprach die junge Forscherin. „Wenn die Kapsel erst einmal in meinem Wurmfortsatz stecken bleibt, dann steckt sie wirklich fest. Und du auch. Aber so richtig. Auf natürlichem Weg kommst du dann nicht mehr ans Tageslicht. Dieses Stück vom Dünndarm ist nämlich eine Art Sackgasse. Sieht ein bisschen aus wie der Finger von einem Handschuh. Achtung!"

Die Kapsel schaukelte und drehte sich. Nano griff zu seinem Gurt und hielt sich daran fest.

„Jetzt! Schau mal raus!", rief Micro Minitec.

Nano richtete seinen Blick sofort auf die große
Cockpitscheibe. In diesem Augenblick passierte die
Kapsel ein schlauchartiges, sehr eng wirkendes Gebilde.
Nano kniff die Augen zusammen.

„Puh! Das war knapp!", schnaufte Micro Minitec.

„Sieht ja echt grottig aus", meinte Nano. „Aber sag
mal, wozu braucht denn der Darm eine Sackgasse?
Ich dachte, der Darm ist durchgehend geöffnet?"

„Gut gesagt", schmunzelte Micro Minitec. „Und du
liegst völlig richtig. Auf den Blinddarm, gemeint ist
eigentlich der Wurmfortsatz, eine kleine Verlängerung
des Blinddarms, kann man tatsächlich verzichten. Er
ist ein Überbleibsel aus der Entwicklung des Menschen.

Ein Stück des Körpers, das keine Aufgabe mehr hat.
Ist er entzündet, kann man ihn also ohne Bedenken
operativ entfernen."

„Und warum entzündet sich dieser Wurmfortsatz?",
wollte Nano wissen.

„Das kann verschiedene Ursachen haben", erläuterte
Dr. X. „In vielen Fällen ist die Verbindung von
Blinddarm und Wurmfortsatz verstopft. Verantwortlich
sind etwa Fremdkörper wie Melonenkerne oder auch
Stücke von verhärtetem Kot. Die Darmbakterien
vermehren sich dann prächtig im Wurmfortsatz und
sorgen für die Entzündung."

„Ein Melonenkern?", wiederholte Nano aufgeregt.

„Was ist daran so ungewöhnlich?", wunderte sich Micro
Minitec. „Ich habe erst vorgestern ein Stück Melone
gegessen."

„Kannst du die Kapsel wenden und ein Stück
zurückfahren?", fragte Nano.

„Wozu?", fragte die Forscherin erstaunt.

„Kannst du oder nicht?", sagte Nano ein bisschen frech.

„Wird nicht einfach", sagte sie und bewegte den
Handschuh. Nano spürte, wie die Kapsel langsamer
wurde. Etwa nach einer halben Minute kam sie zum
Stehen, wurde gewendet und ging auf Gegenkurs.

„Wir kommen ja kaum voran", stellte Nano bald fest.

„Weil wir gegen die Strömung ankämpfen müssen", erklärte Micro Minitec. „In der Regel ist der Darm eine Einbahnstraße. Da gibt es kein Zurück. So, und was ist jetzt angesagt?"

„Ein paar Meter noch", antwortete Nano. „Ich meine, ein paar Zentimeter."

Im Schneckentempo näherten sie sich der Abzweigung zum Blinddarm.

„Hier muss ich wieder sehr vorsichtig sein", sagte die Forscherin. „Mach schnell. Lange kann ich die Kapsel hier nicht halten."

„Dort, am Anfang der Abzweigung", erklärte Nano und hob den Finger. „Dort steckt etwas in einer Falte fest."

„Ich schalte die Vergrößerung ein", sagte Dr. X.

Nach einem kurzen Flackern verwandelte sich die große Frontscheibe in ein Mikroskop.

„Das gibt es doch nicht!", staunte der Arzt. „Dort steckt tatsächlich ein Melonenkern. Er ist noch nicht im gefährlichen Bereich, könnte aber ohne Weiteres dorthin gelangen. Wie hast du den bloß gesehen? Du hast gute und schnelle Augen."

„Danke. Und was machen wir jetzt mit dem Kern?", wollte Nano wissen.

„Wir sollten ihn in den Dünndarm befördern", riet der Arzt. „Eine reine Vorsichtsmaßnahme. Ich denke nicht, dass etwas passieren wird, aber wenn du schon mal vor Ort bist, kannst du den Kern aus der Falte ziehen."

„Und womit?", fragte Nano. „Etwa mit einem Korkenzieher?"

„Mit etwas viel Besserem", lachte der Arzt. „Auf dem Display vor dir befindet sich ein Icon, das eine Kneifzange zeigt. Berühre es mal kurz."

Neugierig berührte Nano das Icon. Ein surrendes Geräusch war zu hören und aus dem Dach der Kapsel fuhr ein Greifarm mit mehreren Gelenken heraus.

„Jetzt verstehe ich", lächelte Nano.

„Du kannst den Greifarm mit dem Joystick steuern", erläuterte der Arzt. „Vielleicht gelingt es dir, den Melonenkern aus der Falte zu ziehen und in den Dünndarm zu bringen, wo er hingehört. Versuche es einfach. Es wäre deine erste Operation."

„Eine Operation? Aber braucht man dafür nicht einen großen Operationssaal und scharfe Skalpelle?", wunderte sich Nano.

„Eigentlich schon", antwortete Dr. X. „Aber mir gefallen kleine Mikroeingriffe viel besser. Besonders gut fände ich Nanoroboter, die es in Zukunft geben könnte und die noch winziger wären als deine Kapsel. Operationen mit Nanorobotern würden den Patienten am wenigsten belasten und wären sehr schonend. Aber deine bemannte Kapsel ist schon ein sehr guter Anfang. Du wirst sehen."

„Nanoroboter", strahlte Nano. „Das klingt gut. Durch meinen Spitznamen wird die Kapsel auch zu einem Nanoroboter. Finde ich. Auch wenn Nanoroboter noch viel kleiner sind. Vielleicht könnt ihr mich ja noch mehr schrumpfen? Dann könnte ich in einem noch kleineren Boot fahren. Ich habe jedenfalls gelesen, dass ..."

„Beeil dich bitte, du Nanoplauderer", mahnte Micro Minitec. „Es wird nicht leichter, dich auf dieser Position zu halten. Und stillhalten muss ich auch noch."

Micro Minitec vergrößerte die Holografie und manövrierte die Kapsel so nah wie möglich an den Melonenkern heran. Nano machte ein paar Bewegungen mit dem Greifarm und stellte fest, wie leicht er sich bewegen ließ.

„Ich fange an", sagte er und konzentrierte sich. Vorsichtig drückte er den Joystick nach vorne und steuerte den Greifer auf den Kern zu. Das erwies sich als weniger leicht, denn Wasser und Speisebrei drängten die Kapsel und den Greifer immer wieder vom Ziel ab.

In dem Augenblick, in dem Nano den Greifer schließen wollte, begann die Kapsel zu schwanken.

„Teufelskraut!", schimpfte Nano.

„Teufelskraut?", wiederholte Dr. X.

„Das ruft meine Oma immer, wenn etwas schiefgeht", erklärte Nano kurz.

Mit viel Fingerspitzengefühl jonglierte er den Greifarm auf den schwarzen Melonenkern zu. Diesmal klappte es. Er schloss die Greifhand und hatte den Kern endlich fest im Griff.

„Zurück!", rief er.

Micro Minitec bewegte ganz vorsichtig ihre Hand.

Durch die Kapsel ging ein Ruck, doch der Greifarm ließ nicht locker und zog den Melonenkern aus der Falte.

Im Strom des Speisebreis löste Nano den Griff der mechanischen Hand. Der Melonenkern tauchte in den Strom ein und verschwand.

„Perfekt!", freute sich Dr. X. „Eine gute, eine saubere Operation! So stelle ich mir das vor! Und du bist jetzt der wohl jüngste Chirurg der Welt!"

Nano ballte die Faust vor lauter Begeisterung.

„Danke!", sagte Micro Minitec. „Vielleicht hast du mich vor einer Blinddarmentzündung bewahrt."

„Und die ist äußerst schmerzhaft", wusste Nano zu berichten. „Meine Mutter hatte schon mal eine. Das waren richtig fiese Bauchschmerzen."

„Ja, das stimmt", bestätigte Micro Minitec. „Zunächst tut der ganze Bauch weh, dann konzentriert sich der Schmerz immer mehr auf den rechten Unterbauch. Vor allem, wenn man leicht mit der flachen Hand auf ihn drückt und dann loslässt. Das ist der typische Los-Lass-Schmerz. Aber jetzt muss ich wieder aufpassen, es geht weiter. Bist du bereit?"

Nano aktiviert den Laser

„Schon wieder weiter", beschwerte sich Nano. „Nach
meiner ersten Operation hätte ich doch wohl auch mal
etwas Ruhe verdient!"

„Keine Panik, jetzt wird es ruhiger", erklärte Micro
Minitec. „Der Dickdarm ist dicker als der Dünndarm.
Und kürzer. Beim Erwachsenen ist er nur etwa einen
Meter lang. Da müssen wir eh auf die Bremse treten."
Die junge Frau lenkte den kleinen roten Punkt mit
ihrem Datenhandschuh sicher durch die Holografie.

„So, wir sind da", sagte sie erleichtert. „Viel Spaß in
meinem Dickdarm. Da wolltest du bestimmt schon
immer einmal hin."

„Unbedingt", stimmte Nano zu. „Rügen, Kreta
und dein Dickdarm waren schon immer meine
Lieblingsreiseziele."

„Hab ich doch richtig vermutet", grinste Micro Minitec.
Die Kapsel beruhigte sich und drang in eine riesige
Grotte vor. Über Nano und Rappel wölbte sich ein
gewaltiger, röhrenförmiger Himmel. Nano sah große,
halbmondförmige Falten in den Wänden der Höhle.

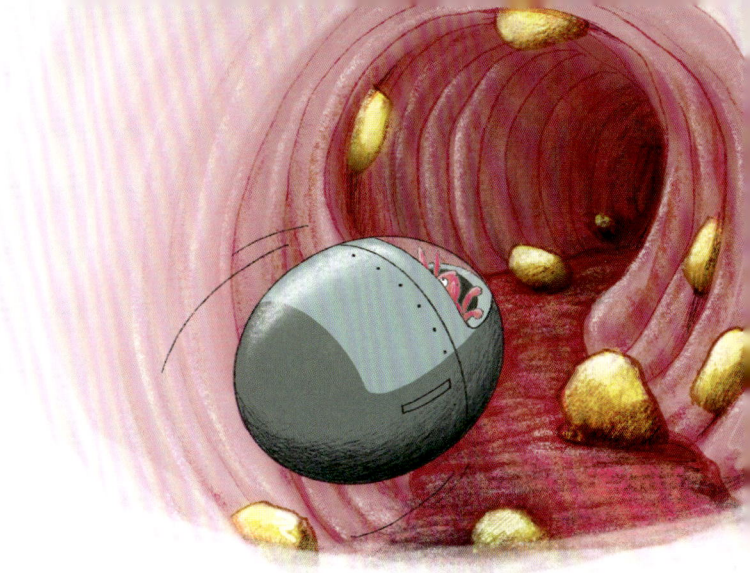

Vereinzelt hingen braun-gelbliche Gesteinsbrocken an den Wänden oder kullerten wie kleine Lawinen auf die Kapsel zu.

„He, was soll das denn?", beschwerte sich Nano.

„Tja, das sind die Reste von meinem Essen", erklärte Micro Minitec. „Obst, Gemüse und einmal Spaghetti Bolognese. Nicht zu vergessen die Melone. Eigentlich wäre mein Dickdarm noch voller. Aber Rappel hatte schon ein paarmal schwer zu kämpfen, um hier durchzukommen. Daher habe ich diesmal so viel wie möglich getrunken. Das sorgt für bessere Sicht und eine passable Geschwindigkeit."

Plötzlich hallte ein heftiger Donner durch die Grotte und die Kapsel machte einen gewaltigen Satz nach vorne. Nano und Rappel wurden in die Gurte gepresst.

„Sorry", sagte die junge Forscherin. „War keine Absicht."

„Und was war es dann?", fauchte Nano.

„Nur ein kleiner Furz", lächelte Micro Minitec.

„Aber du kannst doch nicht furzen, während ich in deinem Darm unterwegs bin!", beschwerte sich Nano.

„Keine Sorge, die Kapsel ist gasdicht", entgegnete sie.

„Sie kann wirklich nichts dafür", meldete sich Dr. X. „Das war die Schockwelle einer Entgasung des Darms. Und wenn ich das sagen darf: Micros Pupse sind legendär. Ich weiß, wovon ich spreche. Dabei fällt mir folgende Geschichte ein. Wir waren in dem neuen veganen Restaurant ..."

„Chef! Bitte!", mahnte Micro Minitec.

Ein weiteres Mal hallte ein lang gezogener Donner durch den Dickdarm. Wieder wurden Nano und Rappel in die Gurte gedrückt. Die Kapsel drehte sich einmal um die eigene Achse, bevor sie wieder ihre waagerechte Position einnahm.

„Ein Darmbeben!", meinte Nano.

„Nein, ein ganz normaler und natürlicher Vorgang", entgegnete Dr. X.

„Allerdings!", verteidigte sich Micro Minitec und fand auch gleich eine Möglichkeit, elegant das Thema zu wechseln. „Und jetzt wird es Zeit für eine kleine

Übersicht zu deiner Reise. Sie ist ja nicht mit der Reise der Nahrung zu vergleichen. Der Speisebrei bleibt nämlich mehrere Stunden oder sogar Tage im Magen und wird nach einer meist stillen, aber dennoch intensiven Arbeit des Verdauungstraktes über den Zwölffingerdarm in den dünnen und anschließend den dicken Darm überführt. Nach vielen Metern durch diesen Schlauch, den man auch als Energiegewinnungsschlauch bezeichnen könnte, wird das meiste am Darmausgang nach bis zu achtundvierzig Stunden wieder ausgeschieden."

„So lange dauert die Verdauung?", staunte Nano und sah Rappel an, der nicht staunte, sondern friedlich mümmelte.

„Ja, so lange dauert in der Regel das Zerkleinern der Nahrung, die Nährstoffaufnahme, die Energiegewinnung und die Abwasserklärung sowie die Lagerung des Abfalls auf der inneren Mülldeponie des Dickdarms", fuhr Micro Minitec fort. „Viele Teile der Nahrung werden nicht verdaut, sondern dienen als Füllmaterial und werden auch Ballaststoffe genannt."

„Ballaststoffe", wiederholte Nano. „Die kauft meine Oma auch immer. Also, ich meine, sie kauft Lebensmittel, in denen besonders viele Ballaststoffe enthalten sind.

Leinsamen, Vollkornbrot, Bohnen, Nüsse und Gemüse.
Ballaststoffe sind gesund. Sagt sie."

„Das stimmt", nickte Dr. X. „Ballaststoffe, manche
nennt man auch Präbiotika, binden Wasser und
vergrößern so das Volumen der zu verdauenden
Nahrung. Der Darm kann sie so besser transportieren."

„Darüber hinaus werden die Ballaststoffe durch
Bakterienenzyme zum Gären gebracht und weiter
aufgespalten", fuhr Micro Minitec fort. „Enzyme sind
Stoffe, die chemische Vorgänge beschleunigen und
unterstützen. Dadurch werden den Abfallstoffen
auch Wasser, Mineralien und Salze entzogen.
Außerdem erzeugen die Darmbakterien noch
bestimmte Vitamine."

„Und Gase", fügte Nano hinzu. „Und was für welche.
Jetzt weiß ich endlich, warum meine Oma immer von
Darmwinden spricht. Wenn der Wind zu heftig wird,
bereitet sie ihren Antipupstee zu. Das Rezept kenne ich
schon auswendig: Ein viertel Teelöffel Kümmelsamen
und ein viertel Teelöffel Anissamen kommen in eine
Tasse und werden mit heißem Wasser übergossen.
Nach zehn Minuten kann man den Tee trinken.
Den kann ich dir nur sehr empfehlen. Trink am
besten gleich mal eine Tasse."

„Danke für den Tipp", murrte Micro Minitec und konzentrierte sich wieder auf die Holografie.

Nano wiederum sah sich den Dickdarm an, während Rappel ruhig neben ihm saß.

„Na, alles wieder in Ordnung?", fragte Nano, ohne eine Antwort zu erwarten. Rappel bewegte immerhin seine großen Ohren und sah entspannt in den Darm. Dort bewegte sich etwas im Strom aus Wasser und gelbbraunen Brocken. Wie ein Glockenklöppel schwang es langsam hin und her.

„Was ist das?", fragte Nano. „Könnt ihr das auch sehen?"

„Können wir", antwortete Dr. X. „Halte bitte die Kapsel an, Micro."

„Ist das eine große Darmzotte?", wollte Nano wissen.

„Das ist keine Darmzotte, das ist ein Darmpolyp", erklärte Dr. X.

„Was ist ein Darmpolyp? Doch kein Tintenfisch? Ich habe neulich einen Film über Tiefseepolypen gesehen. Das sind riesige Tintenfische", erzählte Nano. „Oder hat Micro auch Tintenfische gegessen?"

„Ich glaube nicht", lachte Dr. X. „Nein, ein Darmpolyp ist etwas ganz anderes. Das ist eine Schleimhautvorwölbung, die von der Schleimhaut des Darms gebildet wird und ins Darminnere hineinreicht.

Polypen entstehen, weil die Darmschleimhaut an einigen Stellen mehr Zellen bildet als benötigt werden. Je älter man ist, umso mehr dieser Polypen bilden sich. Aber auch bei jüngeren Menschen können sie vorkommen. Wie ja unschwer zu erkennen ist."

„Sind diese Polypen gefährlich?", fragte Nano, als er sich das merkwürdige Gebilde näher besah.

„Eigentlich nicht", antwortete Dr. X. „Aber sie können eines Tages gefährlich werden. Nämlich dann, wenn die Zellen des Polypen anfangen, unkontrolliert zu wachsen und sich vermehrt zu teilen. Das nennt man dann Darmkrebs und der ist sogar sehr gefährlich."

„Also sollten wir meinen Polypen bitte umgehend aus dem Weg räumen. Ich benötige ihn nun wirklich nicht!", forderte Micro Minitec energisch.

„Das geschieht normalerweise bei einer sogenannten Darmspiegelung", erklärte Dr. X. „Dabei wird der Darm mit einem dünnen Schlauch untersucht, in dem sich eine kleine Kamera befindet. So kann der Arzt den Darm genau inspizieren und etwa einen Polypen mit einer Schlinge, die ebenfalls am Schlauch angebracht ist, beseitigen."

„Schlaucht ganz schön, so eine Darmspiegelung", erklärte Micro Minitec. „Hätte ich trotzdem längst machen sollen, wie man sieht. Aber jetzt bist du ja da. Du schlauchst zwar auch, bist aber okay. Also, bist du bereit für deine zweite Operation?"

„Na klar! Ich schalte sofort wieder den Greifer ein!", freute sich Nano, der sich mehr und mehr wie ein Arzt zu fühlen begann.

„Nein, diesmal ist der Greifer nicht sinnvoll", bremste ihn Dr. X. „Wir nehmen den Laser."

Nano öffnete seinen Mund und sah Rappel staunend an.

„Den Laser? Wir haben einen Laser an Bord?", fragte er misstrauisch.

„Ja, wir haben versuchsweise mal einen eingebaut", erklärte Dr. X. „Die Kapsel ist ja ein Versuchsmodell. Micro will damit Erfahrungen sammeln, um später bessere Modelle bauen zu können. In der Hoffnung natürlich, sich eines Tages selbst schrumpfen zu können und das Boot durch den Körper von Patienten zu steuern."

„Aber im Moment könnt ihr nur rosarote Hasen und Kinder schrumpfen", meinte Nano.

„Aber einen Laser haben wir trotzdem an Bord", sagte Dr. X. „Du kannst ihn allerdings nur einsetzen, wenn du dich in einer Gasblase befindest. Im Wasser und in dem braunen Brei werden die Laserstrahlen schnell gebrochen und zerstreut. Sie verlieren ihre Wirkung. Noch dazu ist unser Laser nicht sehr stark. Wir haben nur wenig Energie zur Verfügung."

„Ein Versuchsmodell eben", wiederholte Nano.

„So ist es", meinte Micro Minitec. „Aber dafür dürfte er ausreichen. Auf dem Display findest du ein Laser-Icon. Einen Strahl, der in einem Stern mündet."

„Ja, gefunden", meldete Nano und berührte kurz das Symbol. Aus dem Dach fuhr diesmal ein kurzes, unscheinbares Rohr heraus, während auf dem Display ein Fadenkreuz erschien.

„Du musst erst gut zielen, bevor du den Laser abfeuerst", erklärte Dr. X. „Aber warte bitte auf die nächste Gasblase. Micro wird die Kapsel auf der Darmwand landen. Dann bewegt sie sich nicht allzu sehr, wenn die Gasblase kommt."

„Ein Furz", meinte Nano trocken. „Da muss ich bei Micro bestimmt nicht lange warten."

„Jetzt konzentriere dich bitte", mahnte die Erfinderin. „Ich bringe dich so nah wie möglich an den Polypen heran. Versuche, ihn komplett zu zerstören. Er ist ja nicht sehr groß und muss sich erst kürzlich gebildet haben. Und ziele bitte wirklich sehr genau! Ich brauche echt keine Löcher in der Darmwand."

Die Kapsel bewegte sich langsam auf den Darmpolypen zu, der wie ein bauchiges Pendel im Darm hing. Nano bewegte den Joystick und visierte den Polypen an. Das Ziel lag genau im Fadenkreuz, nur die Kapsel bewegte sich ab und zu im Strom aus Wasser und Brei.

„Ich habe noch nie in meinem Leben auf einen Furz gewartet", flüsterte Nano. „Schon gar nicht in einem fremden Darm."

„Es gibt immer ein erstes Mal", erwiderte Micro Minitec. „Nur Geduld."

Sekunden verstrichen, Minuten verstrichen.

Nichts geschah. Nur der Strom bewegte sich.

„Das gibt es doch nicht", ärgerte sich Dr. X. „Ich habe deine Pupse gelobt und jetzt passiert nichts."

„Das lässt sich eben nicht steuern", rechtfertigte sie sich.

„Beweg dich mal", schlug Dr. X vor, worauf die Frau einige Tanzbewegungen machte.

„He!", beschwerte sich Nano. „So kann ich den Polypen nicht im Fadenkreuz behalten. Hör auf zu schaukeln!"

Plötzlich war ein fernes Donnergrollen zu hören.

Das konnte nur eines bedeuten. Aber noch schwankte die Kapsel und auch der Darm war ordentlich in Bewegung geraten. Nano hatte Mühe, das Ziel

anzuvisieren. Dann traf die Gasblase ein. Für
einen kurzen Moment war der Brei verschwunden.
Nano drückte auf den Auslöser. Lautlos schoss ein
leuchtender Strahl aus dem unscheinbaren Rohr und
traf den Polypen, der ebenfalls kurz aufleuchtete.
Nano sah durch die große Frontscheibe. Der Polyp war
verschwunden. Nur ein kleiner vernarbter roter Punkt
verriet die Stelle, an der er sich befunden hatte.
„Hat es wehgetan?", fragte er.
„Kein bisschen", antwortete Micro Minitec. „Du bist
wirklich ein guter Schütze. Aus dir wird bestimmt mal
ein fähiger Chirurg."

Die große Monstershow

„Fantastisch!", freute sich Dr. X. „Wieder so ein kleiner,
sehr präziser Eingriff. Das ist der richtige Weg."

„Und ich bin den Polypen los. Auch wenn er vielleicht
harmlos geblieben wäre. Besser ist besser", sagte Micro
Minitec erleichtert. „Ich danke dir, Nano. So, deine
Reise geht weiter."

„Ich habe da eine Idee", sagte Dr. X leise. „Wir könnten
unserem kleinen Darmtouristen doch einmal die
Darmbakterien zeigen."

„Die Monstershow?", flüsterte seine Assistentin.

„Ist das nicht etwas zu gruselig für den Jungen?"

„Ich finde nicht", widersprach Dr. X. „Nano ist alles
andere als ein Feigling. Er hat gleich zwei Operationen
in deinem Darm erfolgreich durchgeführt. Der kommt
schon klar mit den Monstern."

„Was für Monster?", fragte Nano, der das Wort trotz
des Flüstertons aufgeschnappt hatte.

„Die Darmbakterien", antwortete Dr. X, jetzt wieder
mit lauterer Stimme. „Die so wichtig für die Verdauung
sind. Wir könnten sie für dich vergrößern."

„Die will ich sehen!", freute sich Nano. „Auf die Dauer ist der Brei hier doch ziemlich langweilig. Und besser wird der am Ende auch nicht. Ich habe da so eine Ahnung."

„Okay, dann kann es losgehen", sagte Dr. X.

„Die Monstershow beginnt. Ich aktiviere den Vergrößerungsmodus."

Nano blickte auf die Frontscheibe, auf der zunächst nur grauer Schnee zu sehen war, bevor ein scharfes Bild entstand.

„Uiihh!", entfuhr es Nano, denn wie aus dem Nichts tauchte plötzlich eine dicke, stachelige Walze vor der Frontscheibe auf. Ihr folgte ein Wesen, das entfernt wie eine Giraffe aussah und Nano frech und gierig anzugrinsen schien. Und dann kam noch ein seltsames kugelförmiges Wesen dazu.

„Na, was sagst du?", fragte Dr. X. „Ist das eine Monstershow oder nicht?"

„Und ob es eine ist", antwortete Nano mit großen Augen. „Solche Monster gibt es nicht einmal im Kino."

„Dafür aber in jedem Darm", grinste Micro Minitec.

„Auch in meinem?", wollte Nano wissen.

„Auch in deinem", versicherte die junge Forscherin. „Sogar noch viel mehr als die hier."

„Das ist ja ein richtiger Monsterzoo", stellte Nano fest.
„Was machen die hier bloß?"
„Diese winzigen Monster sind Darmbakterien",
erklärte Dr. X. „Davon gibt es schätzungsweise
36 000 verschiedene Arten auf der Welt. Im Darm
eines einzelnen Menschen vermutet man 10 000
unterschiedliche Arten. Insgesamt leben über 100
Billionen Mikroorganismen in einem Darm.
Man nennt das auch Mikrobiom."
„Wow!" Nano staunte nicht schlecht.
„Ja", erklärte Micro Minitec weiter. „Dort, in der
Tiefe, leben deutlich mehr Mikroorganismen, als wir
Körperzellen haben. Und die haben auch noch 100-mal

mehr Gene als unsere eigenen Zellen. Ein gigantischer Kosmos für sich – mit einem Gewicht von ein bis zwei Kilogramm!"

„Zwei Kilo dieser Monster?", staunte Nano. „Die hat jeder in seinem Bauch? Fremdartige Lebensformen? Darm-Aliens?"

„So ist es", nickte Dr. X. „All diese Bakterien sind lebenswichtig und alle haben bestimmte Aufgaben. Die einen reinigen, andere transportieren die hierfür benötigte Flüssigkeit heran. Wieder andere versuchen, bisher unverdaute Fasern doch noch zu knacken. Alle haben das Ziel, den Darm sauber zu halten und ihn vor Angreifern zu schützen. Und damit natürlich auch den Menschen, in dem sie leben. Sie bauen alles ab, was in den Darm kommt, und ernähren sich selbst auf diese Weise. Aber sie verschaffen so auch dem Körper Nährstoffe."

Jetzt näherte sich eine Art monströser Badeschwamm, der gleich mehrere Köpfe zu haben schien. Lange, wurmartige Tentakel hingen überall aus dem fremdartigen Wesen heraus und räkelten und wanden sich vor der Frontscheibe. Es folgten fadenförmige Tierchen, die Nano wie lange Spiralbohrer vorkamen. Mit ihren spitzen Köpfen kamen sie schnell auf ihn zu.

„Die wollen ein Loch in die Scheibe bohren!", rief er.
„Seht euch das an! Das sind ja lebende Bohrmaschinen!"
Doch bevor sie die Scheibe erreichten, drehten die
fadenförmigen Wesen wieder ab. Dafür begannen
andere Monster, sich für die Kapsel zu interessieren.
„Haarige Ballons", stellte Nano erleichtert fest.
„Da kann nicht viel passieren. Aber seht ihr den
Glibber spuckenden Drachen da vorne? Was macht
der denn da?"
„Er produziert Vitamine oder zerlegt Fettsäuren in
ihre Bestandteile, die dann durch die Darmwand ins
Blut gelangen", erklärte Dr. X.
„Und was passiert, wenn hier fremde Bakterien
eindringen?", fragte Nano. „Du hast doch gesagt,
dass diese Bakterien hier uns nicht nur ernähren,
sondern auch den Darm schützen."
„Das tun sie auch", antwortete Dr. X. „Sie vermehren
sich und versuchen, die Eindringlinge durch ihre
Überzahl zu besiegen. Dieser Weg funktioniert
aber nicht immer. In diesem Fall kommen andere
Abwehrstoffe zum Einsatz. Zum Beispiel wird ganz
viel Wasser in den Darm geschleust, mit dessen Hilfe
Durchfall entsteht. Damit sollen die Keime aus dem
Darm herausgespült werden."

„Und das sehr schnell", erinnerte sich Nano. „Ich habe es vor zwei Wochen gerade noch geschafft. Das war haarscharf. Zum Glück war das Klo nicht besetzt."

„Tja, Glück braucht man im Leben", stimmte Micro Minitec zu.

„Oder Antibiotika", warf Nano ein. „Das sagt jedenfalls meine Oma. Wenn es schlimmer wird, helfen nur noch Antibiotika."

„Die helfen schon, aber man muss sehr vorsichtig mit ihnen umgehen", erklärte Dr. X. „Antibiotika sind übrigens Giftstoffe, die bestimmte Mikroorganismen absondern, um Bakterien zu bekämpfen. Zu diesen Mikroorganismen zählen auch einige Pilze. Diese Giftstoffe kann man künstlich herstellen und zu Medikamenten verarbeiten."

„Aber sie töten nicht nur die bösen Bakterien, sondern auch die guten", wusste Nano. „Das sagt jedenfalls meine Oma."

„Ja, damit hat sie recht", stimmte Dr. X zu. „Auch viele der guten Bakterien im Darm werden getötet. Gegen Viren und Pilze wirken Antibiotika ohnehin nicht. Bei einem Schnupfen sind sie daher sinnlos."

„Bakterien können auch immun werden", sagte Nano. „Sagt meine Oma."

„So ähnlich", schmunzelte Dr. X. „Wenn man das Antibiotikum nicht genau und pünktlich nach den Angaben auf der Packungsbeilage einnimmt, können Bakterien resistent werden. Das Antibiotikum verliert dann seine Wirksamkeit. Das ist sehr schlecht, denn resistente Bakterien lassen sich nur noch sehr schwer bekämpfen."

„Das sagt meine Oma auch", stimmte Nano direkt fachmännisch zu.

„Na, dann muss es wohl wirklich richtig sein", antwortete Dr. X.

„Aber was wird aus den toten guten Bakterien?", fragte Nano. „Könnte man die nicht durch gezüchtete Darmbakterien ersetzen?"

„Gar nicht schlecht", freute sich Micro Minitec. „Unser Darmreisender ist ein echter Forscher. Diese Methode wird in der Naturheilkunde angewendet. Es gibt da Pillen mit speziellen Bakterienstämmen. Nimmt man sie nach einer Antibiotikabehandlung, sorgen sie dafür, dass die alte Vielfalt der Bakteriengemeinschaft im Darm wieder aufblüht. Ein paar Löffel Joghurt sind auch nicht schlecht. Joghurt oder auch Kefir enthalten nämlich Milchsäurebakterien. Die sind super für den Darm und stärken das Immunsystem."

„Oma Rosi sagt immer, dass auch sauer eingelegtes Gemüse gut ist, wie Gurken, Sauerkraut oder Rote Bete", ergänzte Nano. „Oder Parmesan. Oder die Miso-Algen-Suppe, die man in Japan oft isst. Man nennt diese Lebensmittel auch Probiotika, glaube ich."

„Da hast du aber gut aufgepasst zu Hause, schlauer Nano!", lobte Micro Minitec.

Nano sah noch einmal auf die Frontscheibe. Die Monster kamen ihm jetzt wie gute Freunde vor.

Ihr Aussehen war ungewohnt, aber dafür waren sie Tag und Nacht im Einsatz. Besonders gut gefiel ihm nun das Giraffenhalsmonster. Die Walze und der Schwamm waren auch in Ordnung.

Nano kehrt zurück

„Ende der Vorstellung", erklärte Micro Minitec und stellte die Vergrößerung ab. Die Monster verschwanden, der gelbbraune Brei kehrte zurück.

„Was ist denn in dich gefahren?!", meckerte Nano.

„Na, du natürlich! Schon vergessen?", entgegnete sie neckisch. „Aber deine Reise ist jetzt gleich zu Ende."

„Wie zu Ende?", wollte Nano wissen.

„Na, wo mein Darm zu Ende ist, da endet auch deine Reise", antwortete sie. „Weiter geht's nicht."

„Damit alles besser läuft, muss Micro jetzt viel Wasser trinken", erklärte Dr. X. „Das hat sie vor dem Start der Kapsel auch schon getan. Sonst wäre der Speisebrei viel zu dick geworden."

Micro Minitec setzte einen Riesenbecher mit stillem Wasser an und leerte ihn. Ein zweiter Becher stand bereit.

„Jetzt wird es noch mal turbulent", sagte der Arzt. „Eine Riesenwelle kommt auf euch zu. Macht euch bereit."

Es dauerte nicht lange, bis es zu donnern begann. Zunächst noch leise, dann immer lauter.

„Das will ich sehen!", rief Nano. „Dreh doch bitte mal die Kapsel!"

Micro Minitec, die die Becher inzwischen geleert hatte, griff schnell mit ihrem Spezialhandschuh in die Holografie. Die Kapsel drehte sich und Nano sah eine gewaltige Flutwelle auf sich zukommen. Als wäre ein Staudamm gebrochen oder die Sintflut ein weiteres Mal entfesselt.

„Oh nein!", rief Nano, da brauste die Flutwelle auch schon über ihn hinweg. Die Kapsel überschlug sich und wurde wie eine Billardkugel immer wieder gegen die Darmwand geschleudert. Rappel sah ihn ängstlich an, obwohl er eine solche Flutwelle ja schon mehrmals erlebt hatte.

„Jetzt wird es aber Zeit", sagte Micro Minitec, zog den Handschuh aus und lief mit schnellen Schritten zum Klo. Dr. X blieb zurück und verfolgte auf der Holografie den Kurs der Kapsel, die kurz darauf aus dem dreidimensionalen Bild verschwand. Nano und Rappel bekamen von den letzten Zentimetern ihrer Reise durch den Darm von Micro Minitec nur wenig mit.

Sie hingen fest in ihren Gurten und hofften auf ein glückliches Ende. Noch immer drehte und überschlug sich die Kapsel. Um sie herum gurgelte das Wasser, in dem einige verdaute Reste schwammen. Ein gigantischer Strudel beförderte die Kapsel schließlich durch eine enge Öffnung nach draußen. Trotz der verschmierten Cockpitscheibe war das Licht so hell, dass sich Nano die Hand vor die Augen halten musste. Den nachfolgenden kurzen Sturz in die Tiefe bemerkte er kaum, nur die Landung entging ihm nicht. Es war keine harte Landung, die Kapsel fiel auf etwas Weiches.

„Und was jetzt?", fragte Nano, erhielt aber keine Antwort. Die Scheibe war noch immer verschmiert. Er suchte auf dem Display und fand ein passendes Icon. Wie aus dem Nichts tauchten plötzlich zwei Scheibenwischer auf und kämpften gegen die Schlieren an. Endlich konnte Nano einen Blick nach draußen werfen. Er war in einer matschigen Landschaft gelandet.

„Hallo? Hört mich jemand?", sprach er ins Mikrofon, ohne eine Antwort zu erhalten. „Hoffentlich finden sie uns hier", sagte er zu Rappel, der jetzt nicht mehr ängstlich schaute. „Aussteigen sollten wir besser nicht. Am besten warten wir."

Plötzlich klatschten dicke Wassertropfen auf die Hügel und die Kapsel. Nano löste den Sicherheitsgurt, um besser sehen zu können. Die Hügel wurden schnell fortgespült, nur die Kapsel nicht.

„Komisch", wunderte sich Nano und reckte seinen Hals. Erst jetzt konnte er eine Art Gitter erkennen, dessen Maschen zu klein für die Kapsel waren.

„Ein Sieb!", grinste er. „Micro hat einfach ein Sieb ins Klo gelegt. Die Reise geht also zum Glück nicht weiter in die Kanalisation."

Die letzten Tropfen waren gefallen und das Licht wurde heller. Nano konnte eine gigantische Zange erkennen, die sich von oben der Kapsel näherte.

„Ich glaube, gleich geht es aufwärts", meinte Nano.

Im selben Augenblick wurde die Kapsel tatsächlich nach oben gerissen. Im festen Griff der Zange flog sie ein Stückchen durch den Raum und wurde kurze Zeit später über einem kleinen See fallen gelassen.

„He!", beschwerte sich Nano, der nicht mehr angeschnallt war und gegen die Cockpitscheibe flog, als die Kapsel auf die Wasseroberfläche klatschte. Doch anstatt dort friedlich zu schwimmen, wurde die Kapsel jetzt immer wieder unter Wasser gedrückt.

„Die waschen uns!", sagte Nano zu Rappel. „Die wissen genau, dass wir sonst nicht aussteigen."

Nach einer kurzen Pause näherte sich wieder die Zange von oben und nahm die Kapsel auf. In der Zange unternahm sie nun einen Flug von der Toilette ins Labor. Dort setzte die Zange sie ab. Mit einem klickenden Geräusch landete die Kapsel auf einer metallisch glänzenden Oberfläche. Es war das Tablett aus Stahl, das zur Ausstattung des Turbobeamers gehörte. Nano und Rappel waren an ihren Ausgangsort zurückgekehrt. Die abenteuerliche Reise der beiden war nun tatsächlich zu Ende.

„Hallo? Hört ihr mich?", fragte Nano ins Mikrofon.

Der Lautsprecher schwieg.

„Micro? Dr. X? Wo seid ihr?", bemühte sich Nano wieder.

Immerhin knackte und knisterte es jetzt im
Lautsprecher an Bord.

„Wir sind da", antwortete Micro Minitec.

„Wie geht es jetzt weiter?", fragte Nano.

„Du kannst dich jetzt abschnallen", sagte Dr. X, der
nicht wusste, dass Nano dies längst getan hatte.

„Auch Rappel kannst du von seinem Gurt befreien.
Dann brauchst du nur noch die Tür zu öffnen.
Der rote Hebel."

Nano folgte den Anweisungen und kletterte wenig
später aus der Kapsel, die zugleich ein Mini-U-Boot war.
Ein Körper-U-Boot. Es stand in einer Wasserpfütze,
sah aber genauso aus wie vor dem Start. Die Reise hatte
es nicht beschädigt. Nano konnte nicht eine Beule
entdecken. Nur der Bug der Kapsel glänzte nicht mehr,
sondern war von der Säure etwas stumpf und matt
geworden. Nano schnupperte vorsichtig an der Kapsel,
konnte aber nichts Unangenehmes riechen. Die Wäsche
hatte alle Spuren beseitigt.

„Eine tolle Erfindung", lobte Nano das einmalige
Fahrzeug und schaute dann nach oben. Von dort
näherte sich die gigantische Linse einer Lupe, hinter
der ein ebenso gigantisches Auge erschien.

„Da ist er", brüllte Dr. X. Jedenfalls hörte es sich für

Nano wie ein Brüllen an, obwohl der Arzt flüsterte.

„Er scheint alles gut überstanden zu haben. Rappel hoppelt munter auf dem Tablett herum."

„Und jetzt?", fragte Nano. „Könnt ihr mich wieder vergrößern?"

„Ins Mikrofon", sagte Dr. X. „Neben dem Scheinwerfer. Sprich dort hinein."

Nano wiederholte seine Fragen.

„Das wissen wir noch nicht", lautete die Antwort von Micro Minitec. „Wir haben ja noch nie einen Menschen vergrößert. Bis vor Kurzem haben wir nicht einmal gewusst, dass sich überhaupt Menschen schrumpfen lassen. Aber ich denke, es wird schon klappen."

„Und was wird, wenn es nicht klappt?", fragte Nano.

Ob Nano wieder vergrößert werden kann, erfährst du in Band 3!

Die Reise geht weiter!

Band 1: Die geheimnisvolle Villa

ISBN 978-3-7886-4411-6

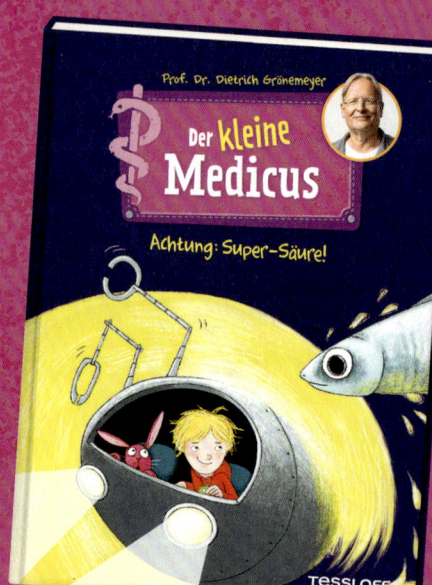

ISBN 978-3-7886-4412-3

Band 2:
Achtung: Super-Säure!

Nano lernt den pfiffigen Arzt Dr. X und seine Assistentin Micro Minitec kennen. Sie zeigen ihm die genialste aller Erfindungen: den Turbobeamer! Der funktioniert sogar noch besser, als die beiden denken. Ein unglaubliches Abenteuer beginnt!

Opa Sonntag fühlt sich gar nicht gut. Nano und Marie möchten ihm unbedingt helfen. Doch dazu müssen sie Opa erst mal aus den Fängen des rücksichtslosen Professors von Schlotter befreien. Und dann sind da auch noch diese fiesen Viren und jede Menge gefährliche Blutkörperchen.

ISBN 978-3-7886-4414-7

Band 3: Von Viren umzingelt

ISBN 978-3-7886-4413-0

Nano und Marie merken schnell, dass der Nanobot in Opas Gehirn nichts Gutes im Sinn hat. Um ihren Opa zu retten, wagen die beiden eine riskante Laseroperation und begeben sich auf eine wilde Verfolgungsjagd durch Opas Körper. Werden sie den Nanobot stellen können?

Weitere Abenteuer folgen!

Prof. Dr. Dietrich Grönemeyer

Prof. Dr. Dietrich Grönemeyer ist eigentlich Arzt. Er hat aber auch schon viele Bücher geschrieben. Denn er erzählt gerne von all dem, was er über den Körper und die Heilung und Vorbeugung von Krankheiten weiß. Und wenn er mal mit Nano mitfahren könnte? Dann würde er bestimmt trotzdem ordentlich ins Staunen geraten.

© Stefan Nimmesgern – laif

Sabine Rothmund

Sabine Rothmund hat schon als Kind gerne gezeichnet. Eigentlich immer und überall. Am liebsten in Schulhefte. Später hat sie ihre Leidenschaft zum Beruf gemacht und Kommunikationsdesign studiert. Jetzt freut sie sich, den kleinen Medicus zeichnen zu dürfen. Und Kannickel. Weil er genauso lustig hüpft wie ihr eigener Hund.

© Sabine Rothmund